A470
Poems for the Road
Cerddi'r Ffordd

edited by/golygwyd gan
Sian Northey
Ness Owen

ARACHNE PRESS

First published in UK 2022 by Arachne Press Limited
100 Grierson Road, London SE23 1NX
www.arachnepress.com
© Arachne Press 2022
ISBNs
Print 978-1-913665-55-5
eBook 978-1-913665-56-2

The moral rights of the authors have been asserted.
Detailed copyright from page 3.

Thanks to Muireann Grealy and Huw Meirion Edwards for their proofing.
Cover image *Araf* © Sarah Hopkins.
Book and cover design by Cherry Potts/Arachne Press.
Printed on wood-free paper in the UK by TJ Books, Padstow.

Arachne Press acknowledges the financial support of Cyngor Llyfrau Cymru/Books Council of Wales.

Acknowledgements/Cydnabyddiaethau

A Mountain We Climb © Rhys Owain Williams 2022 Translation © Sian Northey 2022

A470, 2021 © Annes Glynn 2022 Translation © the author 2022

Allan o Betrol © Gwyn Parry 2022 Translation © Ness Owen 2022

An Irishwoman is Introduced to the Major Roads of Wales © Angela Graham 2022 Translation © Siôn Aled 2022

Ancient Navigations © Mathew M.C. Smith 2022 Translation © Sian Northey 2022

And in those days... © Tracey Rhys 2022 Translation © Sian Northey 2022

Apollo Over Merthyr © Pat Edwards 2022 Translation © Siôn Aled 2022

Ar Ffo © Osian Jones 2022 Translation © Siôn Aled 2022

Ar y Ffordd Adra © Haf Llewelyn 2022 Translation © the author 2022

Ar yr A470 © Gwenno Gwilym 2022 Translation © Ness Owen 2022

Blaenau Road Sign Happiness © Cas Stockford 2022 Translation © Caryl Bryn 2022

Blodeuwedd Crosses the Road © Diana Powell 2022 Translation © Sian Northey 2022

Boreudaith © Morgan Owen 2022 Translation © Ness Owen 2022

Commins Coch © Osian Owen 2022 Translation © the author 2022

Cwlt yr A470 © Simon Chandler 2022 Translation © the author 2022

Cynhadledd yn y Gwesty Gwyrdd © Sara Louise Wheeler 2022 Translation © the author 2022

Dad © Rhiannon Oliver 2022 Translation © Sian Northey 2022

Edefyn © Ion Thomas 2022 Translation © Ness Owen 2022

Eira ar y Bannau © Mari George 2022 Translation © the author 2022

Gwydion Southbound © Kevin Mills 2022 Translation © Sian Northey 2022

Gyrru Trwy'r Tywyllwch © Non Prys Ifans 2022 Translation © Ness Owen 2022

Hacrwch © Siôn Aled 2022 Translation © the author 2022

Hippopotamus Cambrensis © David Mathews 2022 Translation © Sian Northey 2022

I Ferthyr © Mererid Hopwood 2022 Translation © the author 2022

Interweaving © Christina Thatcher 2022 Translation © Sian Northey 2022

A470

Contents/Cynnwys

MORE THAN PEOPLE AND PLACE IT IS THE TIME THE ROUTE THE JOURNEY THE TRAVELLER **THE ROAD** TRAVERSES MORE THAN PEOPLE AND PLACE IT IS THE TIME THE ROUTE THE JOURNEY THE TRAVELLER THE ROAD **TRAVERSES** MORE THAN PEOPLE AND PLACE IT IS THE TIME THE ROUTE THE JOURNEY THE TRAVELLER THE ROAD TRAVERSES **MORE THAN** PEOPLE AND PLACE IT IS THE TIME THE ROUTE THE JOURNEY THE TRAVELLER THE ROAD TRAVERSES MORE THAN **PEOPLE** AND PLACE IT IS THE TIME THE ROUTE THE JOURNEY THE TRAVELLER THE ROAD TRAVERSES MORE THAN PEOPLE **AND PLACE** IT IS THE TIME THE ROUTE THE JOURNEY THE TRAVELLER THE ROAD TRAVERSES MORE THAN PEOPLE AND PLACE **IT IS THE TIME** THE ROUTE THE JOURNEY THE TRAVELLER THE ROAD TRAVERSES MORE THAN PEOPLE AND PLACE IT IS THE TIME **THE ROUTE** THE JOURNEY THE TRAVELLER THE ROAD TRAVERSES MORE THAN PEOPLE AND PLACE IT IS THE TIME THE ROUTE **THE JOURNEY** THE TRAVELLER THE ROAD TRAVERSES MORE THAN PEOPLE AND PLACE IT IS THE TIME THE ROUTE THE JOURNEY **THE TRAVELLER** THE ROAD TRAVERSES MORE THAN PEOPLE AND PLACE IT IS THE TIME THE ROUTE THE JOURNEY THE TRAVELLER **THE ROAD** TRAVERSES MORE THAN PEOPLE AND PLACE IT IS THE TIME THE ROUTE THE JOURNEY THE TRAVELLER THE ROAD **TRAVERSES** MORE THAN PEOPLE AND PLACE IT IS THE TIME THE ROUTE THE JOURNEY THE TRAVELLER THE ROAD TRAVERSES **MORE THAN** PEOPLE AND PLACE IT IS THE TIME THE ROUTE THE JOURNEY THE TRAVELLER THE ROAD TRAVERSES MORE THAN **PEOPLE** AND PLACE IT IS THE TIME THE ROUTE THE JOURNEY THE TRAVELLER THE ROAD TRAVERSES MORE THAN PEOPLE **AND PLACE** IT IS THE TIME THE ROUTE THE JOURNEY THE TRAVELLER THE ROAD TRAVERSES MORE THAN PEOPLE AND PLACE **IT IS THE TIME** THE ROUTE THE JOURNEY THE TRAVELLER THE ROAD TRAVERSES MORE THAN PEOPLE AND PLACE IT IS THE TIME **THE ROUTE** THE JOURNEY THE TRAVELLER THE ROAD TRAVERSES MORE THAN PEOPLE AND PLACE IT IS THE TIME THE ROUTE **THE JOURNEY** THE TRAVELLER THE ROAD TRAVERSES MORE THAN PEOPLE AND PLACE IT IS THE TIME THE ROUTE THE JOURNEY **THE TRAVELLER** GLYN EDWARDS

Introduction

There are two languages in Wales, but very few poets who write in both. Work that is translated is usually by established poets, and there's very little English to Welsh translation. So when Arachne Press approached us to ask if we would be interested in co-editing a bilingual poetry anthology, with an open call out, the answer was a very enthusiastic yes. Poems could be submitted in either English or Welsh, would be chosen on merit, and then translated into the other language.

Our first challenge was to find a theme that would be inspiring but also relatable – a shared experience – a countrywide theme. The beauty of *A470* as a title was that it needed no translation, and there aren't many people who don't have an opinion,

Cyflwyniad

Mae yna ddwy iaith yng Nghymru, ond prin yw'r beirdd sy'n gweithio yn y ddwy iaith. Gwaith beirdd cydnabyddedig sy'n cael ei gyfieithu fel arfer, a phrin yw'r cerddi Saesneg sy'n cael eu cyfieithu i'r Gymraeg. Felly pan ddaeth gwahoddiad gan wasg Arachne Press i gydolygu blodeugerdd ddwyieithog, â chroeso i unrhyw un gynnig cerdd, roedd y ddwy ohonom yn falch o'i dderbyn. Roedd posib cynnig cerdd Gymraeg neu gerdd Saesneg, ac ar ôl i ni ddethol cerddi'r gyfrol byddent yn cael eu cyfieithu i'r iaith arall.

Ein her gyntaf oedd dewis thema a fyddai'n ysbrydoli ac a fyddai'n berthnasol i bawb yng Nghymru. Gogoniant *A470* fel teitl oedd nad oedd angen ei gyfieithu, a bod gan bawb bron farn, stori neu gyswllt â rhyw ran o'r

story or some sort of an attachment to part of the 186 miles of tarmac running north to south ending, or beginning, at our capital city – from pure adoration to deepest dread.

The call went out and we waited nervously on the edge of our keyboards. Submissions flew in. We received, from across Cymru and from Welsh poets beyond its borders, more than double the number of poems we could fit in one anthology. In a time of restricted travel, we journeyed through myth, mountain, miracles, love, grief and family. Letting go of some of these poems was so hard, but the road dictated. After long debates we felt we'd arrived.

Some poets translated their own work, a couple suggested translators, we translated many, and we were joined by the poet and translator, Siôn Aled. clare e. potter's poem was left to stand on its own two feet. And if the A470 produces a

186 milltir o darmac a red o'r gogledd i'r de gan orffen, neu efallai ddechrau, yn y brifddinas. Mae rhai'n ei chasáu, eraill wrth eu boddau â hi.

Gwahoddwyd beirdd i gyflwyno'u cerddi, a ninnau'n aros yn nerfus o flaen ein gliniaduron. Doedd dim angen poeni, derbyniwyd cerddi gan feirdd ledled Cymru a chan feirdd Cymreig tu hwnt i Gymru – digon i greu o leiaf dwy gyfrol. A ninnau'n methu gadael ein tai, cawsom deithio drwy chwedlau, mynyddoedd, gwyrthiau, cariad, galar a theuluoedd. Roedd hepgor rhai o'r cerddi hyn yn anodd iawn, ond y ffordd oedd y feistres. Ar ôl trafodaethau hirion daeth y daith i ben.

Cyfieithodd rhai beirdd eu cerddi eu hunain, awgrymodd ambell un gyfieithydd, a ni'n dwy, gyda chymorth y bardd a'r cyfieithydd Siôn Aled, gyfieithodd lawer ohonynt. Gadawyd cerdd clare e. potter i sefyll ar ei dwy droed ei hun. Ac os yw'r A470 yn ennyn

variety of reactions so too does translation – some poems fight translation, others love the process and reveal unexpected facets of themselves.

Thank you to all the poets who entrusted us with their work, to the Books Council of Wales for their support, to Muireann Grealy and Huw Meirion Edwards for proofing, Sarah Hopkins for her cover design, and most of all to Cherry Potts at Arachne Press for the idea and for keeping us on track.

Sian & Ness.

gwahanol ymatebion, felly hefyd cyfieithu – mae rhai cerddi yn strancio, eraill yn dawnsio gyda'r cyfieithydd ac yn dangos dyfnder neu eglurder newydd.

Diolch i'r holl feirdd wnaeth ymddiried ynom i ofalu am eu cerddi, i Gyngor Llyfrau Cymru am eu cefnogaeth, i Muireann Grealy a Huw Meirion Edwards am brawfddarllen, i Sarah Hopkins am ei gwaith ar y clawr, ac yn fwy na dim diolch i Cherry Potts yn Arachne Press am y syniad ac am gadw trefn arnom.

Des Mannay
Road Hog
Llandudno goats bring A470 traffic to a standstill sparking safety concerns

They're baby boomers — no contraception
Primark shoppers, unwanted guests —
hotel pests. Now
they hit the road...

Even Cerys Matthews
never saw this coming —
they've given us road
rage again. Driven
us round endless bends.

You don't get this
on the M1. Have kids
will travel —
ultimate herd immunity.
Pandemic unravel — dig incredulity?

The bloody things are feral now.
Will they ever go home? 'No,'
they bleat. 'We Goats have moved on...'

Hawlio'r Ffordd

Geifr Llandudno'n rhwystro'r A470

Dyma nhw'r genhedlaeth heb atal cenhedlu,
gwesteion digroeso, lletywyr llanast.
A heddiw maen nhw ar daith...

Wnaeth Cerys Matthews,
hyd yn oed, ddim rhagweld hyn –
codi'r cythraul gyrru eto,
ein gyrru'n wallgo.
Droeon.

Weli di mo hyn
ar yr M1. Teuluoedd
ar daith –
imiwnedd y dorf ar waith.
Dryswch y pla – wir, be ddaw nesa?

Geifr hanner gwyllt ydi'r diawliaid bellach.
'Ewch chi byth adra?' 'Na wnawn,'
brefant, 'Mae crwydro'n ddifyrrach.'

Siôn Aled
Hacrwch

Cofio'r lawnt fawr, fawr 'na yn Betws
yn llawn, fel heddiw,
o chwerthin a gweiddi siarad
blith draphlith
fel gwylanod ar eu gwyliau o'r môr.
Joli reid
i deulu di-gar
drwy garedigrwydd Yncl Huw.
(Doedd Mam ddim yn licio,
ond wnes inna 'rioed warafun elusen.)
'Dan ni'n mynd i Tŷ Hyll,'
mi gofia i gymaint â hynny,
'lle ma 'na hen wrach yn byw.
Felly bihafiwch.'
Digon pryderus fu'r daith yno.
Ond doedd y tŷ ddim yn hyll,
na'r ddynas fawr ei chroeso
yn fawr o wrach.
Ella mai dyna'r diwrnod
y dechreuis ddysgu fymryn, mymryn bach
mai reit amal jest ein deud sy'n hyll.

Ugliness

It was on that big, big lawn in Betws
full, just like today,
of laughter and shouted chats
criss-crossing the air
like seagulls on furlough from the coast.
A jolly ride (which my mam derided)
courtesy of Yncl Huw.
To me a welcome charity.
'We're going to Tŷ Hyll,'
that much I remember,
'where an old witch lives.
So behave.'
Getting there gave me shivers.
But it wasn't an ugly house,
and the cheery old woman
wouldn't make much of a witch.
Maybe it was that day
that I started to learn a tiny, tiny bit
that the ugly is often just in our words.

Rhys Owain Williams
A Mountain We Climb

Decades later, memory brings me
to the long trip up that narrow road,
in the rearview mirror familiar Beacons shrinking.
My mother's red Fiesta a clover mite climbing
the deep north's green. Her sister waiting
in a new old flat on Llandudno's seafront
with paint rollers and gifts of bright soap animals
that I won't be able to keep from my nose.
Lemon whales and strawberry rhinos.
After the paint has dried, this journey
becomes a ritual: an annual family pilgrimage.
That red Fiesta heavy with the weight of three generations
ascending the A-road, feeling closer to heaven.
A reverse of the north-south route my grandfather once took
to have Welsh beaten out of him by a headmaster's cane.
To have his mother tongue silenced.
To speak only English to his children.
As we pass the tight Llanrwst lanes of his distant youth,
in the back seat he whispers stories of
black dogs and headless horsemen.
I am spellbound by this other world before mine.
Us together in the back seat feels normal,
my mother and grandmother in the front
watching Wales turn from green to grey, back to green.
The A470 is a mountain we climb.
I do not know, yet, that as the years pass the car will become lighter.
I do not know, yet, that all roads have an end.

Mynydd i ni ei Ddringo

Ddegawdau wedyn daw'r cof â fi
ar y daith hir hyd y ffordd gul
a'r Bannau cyfarwydd yn crebachu yn y drych.
Fiesta coch fy mam yn widdonyn y meillion yn dringo
hyd wyrddni pellteroedd y gogledd. Mae ei chwaer
mewn hen fflat newydd ar brom Llandudno,
yn aros gyda thuniau paent agored ac anrhegion
anifeiliaid sebon â'u harogl caethiwus o dan fy nhrwyn.
Morfilod lemwn a rheinos mefus.
Ac ar ôl i'r paent sychu, daw'r siwrne hon
yn ddefod, yn bererindod deuluol flynyddol.
Y Fiesta coch yn drymlwythog â thair cenhedlaeth,
yn dringo'r briffordd, a theimlo'n nes at y nefoedd.
Taith o chwith i fudo Taid, o'r gogledd i'r de,
i fan lle y curwyd y Gymraeg ohono gan gansen y prifathro.
I'r lle y mygwyd ei famiaith. Y lle na siaradai ond Saesneg â'i blant.
Wrth fynd heibio lonydd cyfyng Llanrwst ei ieuenctid pell
sibryda straeon am gŵn Annwn a helwyr rhithiol.
Caf fy hudo gan y byd hwn a fodolai cyn fy mod.
Ni'n dau yn y cefn yw'r drefn,
Mam a Mam-gu yn y blaen
yn gwylio Cymru'n troi o wyrdd i lwyd, ac yn ôl yn wyrdd.
Mynydd i ni ei ddringo yw'r A470.
Dw i heb sylweddoli, eto, y bydd blynyddoedd yn mynd heibio
a'r car yn mynd yn ysgafnach.
Dw i heb sylweddoli, eto, bod pen draw i bob un lôn.

Cas Stockford
Blaenau Road Sign Happiness

What was that bit in the middle when
I didn't write poems about us?
Was that 'happy' and did it pass by
like a roadsign at night in rain
on the way past Blaenau Ffestiniog
again? In a hot car full of cracked
jokes and kissing, with great
sounds to blank out the hissing
rain. And if I went back
in the clinical light of day would I
just see paint peeling from letters
rust-rot and grey and know that
it was just the journey
that made me feel that way?

Hapusrwydd Arwydd Ffordd Blaenau

Be oedd y cyfnod 'na rhwng dau gyfnod – rhyw fan canol
lle nad oedd gen i'r awydd i sgwennu
amdanon ni?
Ai hwnnw oedd y man gwyn
a aeth heibio heb siw na miw wrth inni oddiweddyd
heibio Blaenau Ffestiniog eto?
Mewn car llaith a'n hiaith gellweirus
yn plethu rhwng ein cusanau melys
a sŵn y glaw yn bell i ffwrdd.
Petawn i'n dychwelyd yng ngolau dydd –
a fyddwn i'n gweld, a sylweddoli
mai dim ond paent sy'n cuddio'r pydru
ac mai'r daith honno oedd yn fy nallu?

Diana Powell
Blodeuwedd Crosses the Road

Blo–Deu–Wedd
blodau
flower-
faced cursed raises
her hand to her troupe of cowercwtching virgins twittering behind.
Stop!
'Look, listen. Look right and left,' the tourist brochure says.
'The road is a busy one.'
Road...? This? ashen gnarling the soles of her sucksuccoured feet.
Yet 'Park here,' it also said. 'Then cross.'
'Run,' she says now, and they do,
dodging between the screeching one-eyed monsters,
the roaring four-wheeled beasts

run, like they ran before,
chaste, chased, (not her),
here, the 'road' gone, shape-shifted into their river once more.
Cynvael, the river, the flow-er
purls around their pearly toes, soothes those abused feet,
curls up to the lake, passing other monsters, afanc, ceffyl-y-dŵr,
irate, cuckolded husband, chasing.
'Look right, look left, but not behind,' she tells them, but
they do not hear
falling, drowning, all but her. Foolish virgins...

but her, no need for road, river now. Flying.

Blodeuwedd yn Croesi'r Ffordd

Blodau–wedd.
Gyda'i gwedd o flodau
dan felltith
mae'n codi'i llaw i atal ei morwynion
sy'n ofngwtshio, yn chwerthin yn nerfus, y tu ôl iddi.
Stop! Arhoswch!
'Edrychwch i'r dde ac i'r chwith,' medd y daflen dwristiaid,
'Mae'r ffordd hon yn brysur.'
Ffordd...? Yma? lludw'n ceincio ei gwadnau synhwyrus.
Ac eto 'Parciwch yma' oedd y cyfarwyddyd. 'Yna croeswch.'
'Rhedwch,' meddai, ac fe redant,
gan osgoi sgrechiadau'r angenfilod unllygeidiog
a rhuo'r bwystfilod pedair olwyn.

Rhedeg hebddi hi, fel y rhedasant gynt,
yn wyryfon dan helfa
fan hyn, ac mae'r ffordd wedi mynd, mae'n afon unwaith eto.
Afon Cynfal
yn esmwytho'u bodiau briwiedig
wrth iddynt ddilyn y llif at y llyn
heibio i fwystfilod eraill – yr afanc, ceffyl y dŵr,
a'i gŵr, y cwcwallt, ar eu holau.
'Edrychwch i'r dde, edrychwch i'r chwith.
Peidiwch ag edrych yn ôl,' gorchmynna hi.
A hwythau, heb ei chlywed, yn syrthio
ac yn boddi. Morwynion ffôl...

a hithau, yr hon nad yw bellach angen na ffordd nag afon,
yn hedfan.

Sian Northey
Rhyw Bedair Awr

Pen arall hon bu dynion
a swyddi,
perfformiadau, gemau, gweithdai,
amgueddfeydd a chynadleddau.
Mor braf fyddai ei chodi'n un rhuban hir
a'i phlygu
yn igam-ogam fel consertina,
ei chrebachu'n sgwaryn bychan twt
o darmac hud
y gallwn gamu drosto'n rhwydd, dim ond un cam,
cyn cerdded law yn llaw
lawr Heol Eglwys Fair
i yfed coctels ganol pnawn.
Ond efallai 'mod i angen
y milltiroedd
a'r coffi mewn cwpan bapur o'r caban gwyrdd,
yr holl droeadau,
yr ambell farcud.
Efallai mai'r rhain i gyd
yn eu trefn
sy'n fy ngwneud i'n rhywun arall
pen arall.

About Four Hours

At its other end there have been men
and jobs,
performances, games, workshops,
museums and conferences.
How nice it would be to pick it up, one long ribbon,
and fold it,
concertina folds,
origami shrink it to one small square
of magic tarmac
that I could easily step over, just one step,
before walking hand in hand
down Saint Mary Street
to drink cocktails in the afternoon.
But perhaps I need
all the miles
and green hut coffee in a paper cup,
all the bends,
the occasional red kite.
Perhaps it's all of these
in their specific order
that make me another person
at the other end.

Tudur Dylan Jones
I'r A470

*Wrth deithio o'r de i'r gogledd ar hyd gorllewin Cymru, dim ond am tua 15 milltir,
rhwng Dolgellau a Gellilydan, mae teithwyr yn defnyddio'r A470*

Yng nghychwyn cyntaf fy llwybr i,
wnes i erioed dy adnabod di.

Ein llwybrau heb gwrdd, a'n taith ar wahân,
fel adrodd dwy stori a chanu dwy gân.

A'r cyd-deithiwr cyson ar hyd fy nhaith
oedd cloddiau cyfarwydd yr A487,

nes cyrraedd y bwlch uwchlaw Tal y Llyn
a gweld y gwastadedd, a gyda hyn

ry'n ni'n dau'n cyfarfod, ac yn wir am ryw hyd,
yr un yw ein helltydd a'n troadau i gyd.

Mae awr ein ffarwelio mor ddirybudd â'r cwrdd,
ac arwydd yn dangos dy fod am droi ffwrdd,

gan fynd ar dy hynt i'r dyffrynnoedd draw
heb droi yn dy ôl na chodi dy law,

a 'ngadael innau i ailgydio'n y daith
rhwng cloddiau cyfarwydd yr A487.

To the A470

Driving from south to north Wales up the west coast, travellers mostly use the A487, and only use the A470 for about 15 miles, between Dolgellau and Gellilydan

From the start of my course, and when ready to go,
you were a trail that I didn't know;

our paths do not meet, two journeys apart
like hearing two stories, two songs from each heart,

while the faithful companion throughout my way
is the A487 and its tarmac grey,

till I reach the heights of Tal y Llyn,
and then see Cross Foxes' smile, and within

a second or two we meet for a while,
and, as one, our journey mile upon mile.

We drift apart as swift as we meet,
by the sign to the right, and then in a beat

you go on your way to a different land
without even a look or a raise of the hand,

and leave me to go on my way
on the A487's familiar grey.

.

Gwyn Parry
Allan o Betrol

Ar gopa rhewllyd Cader Idris
gwyliwn fachlud oren dwfn,
yr oerni'n sydyn gau ei ddwrn.
Dim llety gwag yn Nhywyn na Dolgellau
a rhybudd coch yn fflachio ar ddashbord y Metro bychan.
Pob garej wedi cau, a'r nesaf
ym Maentwrog, dros ugain milltir o fynyddoedd.

Dim dewis amdani ond aros y noson
mewn le-bai goedwigol ger Ganllwyd.
Y Metro rhy fach i orwedd yn gyfforddus
a minnau'n chwe throedfedd anffodus.
Rhaid gwneud ein gwely mewn dau fag cysgu
dan flanced o wlân Cymreig.
Plethwyd ein cyrff anghyfforddus
yn gwlwm o gariad cynnes.

Noson hir dan y lloer, y sêr yn eu miloedd
gyda swyn tylluanod, ambell sgrech anifail.
Rhwng tician dŵr afon fechan
daeth cwsg heb sylwi o'r diwedd.

Wrth ddeffro drannoeth yn dal i gofleidio
agorwyd ein llygaid i fyd pur wahanol,
y car yn ogof risial o farrug a rhew disglair.
Y ddau ohonom yn blinedig orffwys
dan ein mantell aeafol hudolus.

Out of Petrol

At the icy summit of Cader Idris
we watch a deep orange sunset,
as cold suddenly closes its fist.
No vacancies in Tywyn or Dolgellau
and red warning flashes
on the dashboard of the Metro.
Every garage closed, the next Maentwrog,
over twenty miles of mountains.

No choice but to stay the night
in a wooded lay-by near Ganllwyd.
The Metro too small to lie down comfortably
with me an unfortunate six foot.
Our bed made from two sleeping bags
under a blanket of Welsh wool.
Our uncomfortable bodies woven
in a knot of warm love.

A long moonlit night, stars in their thousands,
the magic of owl calls, random screams of animals.
Between the trickle of a small river
sleep finally came unnoticed.

The next day, we wake still embracing,
open our eyes to an entirely new world,
the car a crystal cave of frost and glittering ice.
The two of us cosy
under our magical winter cloak.

Eabhan Ní Shuileabháin
Storm Journey

I want to lose my grief,
to leave it behind
lying on the sofa
like some discarded red jumper
so I run to the car,
calling and calling for Idris,
who rides shotgun
as we race down the A470,
swerving off by the Cross Foxes and on
to the mountain car park.
Abandoning everything,
Idris and I set off
into the storm,
facing into the wind,
the hail hammering its small hurts
into my face, my hands,
Idris's bark fleeing behind us,
getting lost in the dark clouds.
When I reach the cairn,
there is nothing left –
no grief, no pain,
just the scent of wet wool,
wet dog, and my pulse,
there on my right wrist again.*

*In acupuncture, it is believed that the pulse in the right wrist can be affected by grief.
The harder it is to read, the more grief is blocking it.

Taith Drwy Storm

Dw i isio rhoi heibio 'ngalar,
a'i adael ar ôl
yn gorwedd ar y soffa
fel hen siwmper goch 'sneb isio.
Felly dwi'n rhedeg am y car,
gan alw a galw am Idris,
sy wrth f'ymyl i 'ngwarchod
wrth i ni ruthro i lawr yr A470,
gan droi'n gyflym ger y Cross Foxes a 'mlaen
tua maes parcio'r mynydd.
Gan adael popeth,
i ffwrdd ag Idris a minnau
i mewn i'r storm,
â'n hwynebau tua'r gwynt,
a bwledi'r cenllysg
yn pigo briwiau bach ar fy wyneb a 'nwylo,
â'r gwynt yn cipio cyfarth Idris
i'w golli yn y cymylau tywyll o'n hôl.
Pan gyrhaeddaf y garnedd,
does dim ar ôl –
dim galar, 'run loes,
dim ond oglau gwlân gwlyb,
ci gwlyb, a churiad fy nghalon,
yno ar fy arddwrn de drachefn.*

*Nodyn: Mewn aciwbigo, credir bod galar yn effeithio ar guriad y galon fel y'i teimlir yn
yr arddwrn de. Po anoddaf y mae i'w deimlo, mwyaf yn y byd yw'r galar sy'n ei fygu.

29

Kevin Mills
Gwydion Southbound

Not long, he thinks, *till they see the*
truth, and freeze every last account. The girl
has her own tale to tell. Better
get the low down. Face to face. Taps the
sat nav, swings the Mustang round.

A tanker hauls out of Dolgellau in
front of him. Automatic transmission
breaks the horsepower to a plod. *Magic's*
gone out of the whole affair, he mutters,
turns up Dylan's *Love and Theft*. Ripped

bag of mince – another badger just
outside of Newbridge. Fourth he's seen since
Cross Foxes. Nearing Libanus the power fades,
classic engine rattling to a halt. Forty miles
short. Discovery will have to wait.

Gwydion ar ei Ffordd i'r Deheubarth

Ymhen dim, meddylia, *fe sylweddolant y gwir*
a rhewi pob un cyfrif. Mae gan y ferch
ei stori ei hun i'w hadrodd. Gwell clywed
y gwir. Wyneb yn wyneb. Bys ar
y sat naf, a throi trwyn y Mustang tua'r de.

Lori Mansel yn gadael Dolgellau
o'i flaen. A'i gêrs awtomatig
yn troi grym y ceffylau'n ful o araf. *Mae'r hud*
wedi mynd o'r antur, medd dan ei wynt,
a throi *Love and Theft* Bob Dylan yn uwch. Gweddillion

briwgig – pry llwyd arall eto ger
y Bontnewydd-ar-Wy. Y pedwerydd iddo'i weld
ers y Cross Foxes. Cyn cyrraedd Libanus metha'r sbardun,
y peiriant clasurol yn tagu, yn stopio. Ddeugain milltir
o'i nod. Bydd rhaid i'r datgeliad aros tro.

Haf Llewelyn
Ar y Ffordd Adra

'Pryd byddwn ni adra?'
O gefn y car – cwestiwn.
'Pryd?'
A minnau'n ceisio
dangos i ti –
rhwng tipiadau cyson
y weipars,
funudau dy hanes
hyd y lôn.
Fel y medri dithau wybod.

Aberfan, Merthyr,
Llanfair-ym-Muallt, Llanidloes,
Bwlch Dinas, Brithdir...

A'r enwau'n diferu'n oriau
rownd pob tro,
gan gronni fel argae
yn oes ynot.
'Pryd byddwn ni adra?'

Rŵan.

Home

'Are we home yet?'
From the back seat
the question hangs –
'Are we?'
Between the constant ticking
of the wipers,
I give you
your story,
scattered in minutes
along the way.
So that you will know.

Aberfan, Merthyr,
Llanfair-ym-Muallt, Llanidloes,
Dinas, Brithdir...

The names trickling
into hours
along a winding road,
and in you
accumulating,
somehow
in a reservoir of time.
'Are we home yet?'

Yes, home.

Ness Owen
Travel Sick

He swears this will be the
last time he'll take us as
we fight for the front seat,
stick our heads out through
the windows, sun catching
flashes of raven and auburn,
strands of our grandmothers.
This is what we know:
the road is not our friend.
It snakes before us. He tells
us we must look straight
ahead but we only see the next
corner, a blur of trees, mist
pockets in the planted forests.
We try different times of day,
see the promise of light over
Cader Idris, then the depth of
mountain-darkness. Breath held
past the nuclear station, we
clutch the story of the poet who
never saw home again. He tells
us, it won't always be like this.
Our hands reach through open
windows. Palms stretched,
we feel the resistance.

Salwch Teithio

Mae o'n tyngu mai hwn fydd y
y tro olaf y bydd yn mynd
â ni wrth i ni gwffio am
y sedd flaen, rhoi ein pennau
allan drwy'r ffenestri, yr
haul yn dal y fflachiadau o ddu
a gwinau, olion ein neiniau.
Mae yna un ffaith ddiymwad:
nid yw'r ffordd yn ffrind i ni.
Mae'n nadreddu o'n blaenau.
Mae o'n dweud wrthym bod
rhaid i ni edrych yn syth ymlaen,
ond welwn ni ddim ond y gornel nesaf,
coed yn ymdoddi i'w gilydd, darnau
o niwl yn y coedwigoedd gwneud.
Mentrwn ar wahanol adegau,
gweld addewid y golau dros
Gader Idris, yna dyfnder tywyllwch
y mynyddoedd. Dal ein hanadl
wrth fynd heibio'r orsaf niwclear,
dal ein gafael ar stori'r bardd na welodd
ei adra eto. Fydd hi ddim fel hyn am byth,
medd yntau. Mae ein dwylo yn estyn
drwy'r ffenestri agored. A'n cledrau
yn teimlo pwysau'r gwynt.

Gareth Culshaw
Tickets

We carried smiles in our pockets,
hid them from work colleagues or family.

The weekend boiled in our foreheads
as we slept closer to Saturday morning.

Tambourine rain, oven-light sun,
a vape of fog, all passed us by.

Partner's laughing, microwave meals,
dog walks and payday, passed us too.

We heard the ref's whistle in the flushed
toilet, felt the rugby ball in an egg.

Kicked for the posts in the gapped teeth
of a grandparent.

Entered the stadium as we closed our eyes.

Tocynnau

Cadwem ein gwenau yn ein pocedi,
ynghudd rhag cydweithwyr a'r teulu.

Roedd y penwythnos yn ferw yn ein pennau
bob noson a gripiai'n agosach at fore Sadwrn.

Glaw sŵn tambwrîn, haul lliw golau stof,
niwl fel smygu smal, jest pethau'n mynd heibio.

Chwerthin fy nghymar, prydau popty ping,
mynd â'r cŵn am dro – heibio aethon nhw hefyd.

Clywsom chwiban y reff wrth dynnu dŵr,
a theimlo pêl rygbi mewn wy.

Anelu i drosi drwy'r bwlch
yn nannedd taid.

A mewn â ni i'r stadiwm wrth i'n llygaid gau.

Non Prys Ifans
Gyrru Trwy'r Tywyllwch

Cefaist nerth o rywle
i ddianc o grog y mynyddoedd
symudaist ei sêt yn nes at y sbardun
gwasgu'r bwlch hirgoes am y tro olaf.

Daw taw ar barablu'r radio yn Ninas Mawddwy.
Ti angen traed magned fel y defaid
i afael yn dynnach ar lethrau dy feddwl
sy'n araf droi ben ucha' isaf.

Ti'n teimlo ei wres yn y gwregys
mae olion ei fysedd ar y llyw
yn llosgi o dan chwys oer dy gledrau.

Heidia'r barcudiaid coch yn gyllyll
i hela talpiau marw o'r tractor.
Ti'n cau dy lygaid
gadael i droelliadau'r lôn dy gofleidio
dy gario yn ôl am adref
gadael i'r pontydd culion arafu rhywfaint
ar staccato dy galon.

Ti'n dychmygu ei siwrne yntau
ar ben
yn nrôr oer yr ymgymerwr.

Drive Through the Darkness

You gained strength from somewhere
to escape the choke of the mountains
moved his seat closer to the accelerator
closing that long-legged gap for the last time.

The radio babble is silenced in Dinas Mawddwy.
You need magnet-feet like the sheep
to tighten the grip of your mind
which slowly turns upside down.

You feel his warmth in the seatbelt,
his fingerprints on the steering wheel
burning under the cold sweat of your palms.

Red kites circle the tractor
to scalpel-slice dead scraps.
You close your eyes
allowing the bends of the road to embrace you
carrying you back home
letting the narrow bridges to somewhat slow
the staccato of your heart.

You imagine his journey's
end
in the undertaker's silent store.

Mike Jenkins
Red Flowers

There are flowers blooming
on walls throughout our nation.

From seeds which long ago
were thought to have rotted.

Red flowers with white stems
growing on brick, concrete, stone.

Ledled Cymru people
have planted them.

In depths of y gronfa ddŵr
we see ourselves again.

This is what comes
from the axe and hammer.

Blodau gwyllt, bright rememberers:
stars reflected underwater.

ledled Cymru – throughout Wales
y gronfa ddŵr – the reservoir
blodau gwyllt – wild flowers

Blodau Cochion

Dyma nhw'n blodeuo
ar waliau dros y wlad.

Meddyliodd pobl bod yr hadau
wedi pydru fel celain.

Blodau cochion gyda choesau gwynion
yn tyfu ar goncrit, carreg a bricsen.

Ledled Cymru mae pobl YES
wedi'u plannu'n ofalus.

Yn nyfnderoedd cronfa ddŵr,
gweld eto ein hunain.

Dyma ddaw
o'r fwyell a'r morthwyl.

Blodau gwyllt, cofebion disglair:
sêr sy dan yr wyneb.

Osian Owen
Commins Coch

Mi fyddai 'nhad, wrth gyrraedd pentref bach
di-nod ar fap rhwng Pen-y-groes a'r de,
yn mynnu adrodd rhyw hen stori wrach
am ddarn o dir ar gyrion Maldwyn lle

'ni waeth pa awr o'r dydd y down ni, was,
ni welir neb ar strydoedd Commins Coch.
Ni welir ffarmwr triw yn twtio'r das
na'i wraig yn sgeintio hadau bwyd i'r moch.'

Dechreuais innau gredu'r stori wrach
am ddarn o dir ar gyrion Maldwyn ddel,
ag ynddo bont a thai a chapel bach,
lle nad oes enaid byw yn byw ers sbel.

Nes imi weld rhyw gysgod gyda'r hwyr
a fynnodd chwalu hud y stori'n llwyr.

Commins Coch

My dad, on drives to Cardiff, used to share,
as the nest of houses came to sight,
an old wives' tale about a village where
'Whether it is morning, noon, or night,

my son, you will not see a living soul
on the streets of Commins Coch, you will
not see a widow on her daily stroll
or hear a farmer cursing on the hill.'

And in my foolish youth, I did believe
the mystic story of the village where
one day, unwarned, its people had to leave
its chapel, bridge and houses lying there.

Until a silhouette on Autumn's rust
did turn the tale of Commins Coch to dust.

Nicholas McGaughey
North/South Divide

It's boarded-up now, the Little Chef
by the showground in Builth Wells.

It was a dropping-off point for kids
who were the flowers of dead weddings.

Friday pm, still in uniform, clothes in a duffel
bag, mooching on the wall outside…

A few came down from Anglesey and Snowdon.
We were southerners on our way north.

Each of us waiting with an angry parent
for a wary one to arrive. Some of us happy,

others dreading a weekend with our new
half-families in Narberth or Rhos on Sea,

who talked funny. Sunday was the worst,
going from those you'd just got used to –

back to the debrief of mother,
with tall tales of the mundane.

Hanner Ffordd

Mae ar gau nawr, y Little Chef
ger maes y sioe Builth Wells.

Man gollwng i blant
a o'dd yn flode priodase hesb.

P'nawn Gwener, mewn gwisg ysgol,
dillad mewn *duffel bag*, clebran ar y wal tu fas…

Nifer yn gyrru lawr o Eryri a Môn.
O' ni'n dod lan o'r de i fynd i'r gogledd.

Pob un o' ni'n aros gyda rhiant blin
i un euog gyrraedd. Rhai o' ni'n hapus,

y gweddill yn becso am benwythnos
gyda'n hanner-teuluoedd newydd

yn Narberth neu Rhos on Sea
o'dd yn siarad yn rhyfedd.

Dydd Sul o'dd y gwaetha,
gadael y rhai o' chi newydd ddod i 'nabod,

i fyn' nôl at gwestiyne mam
gyda chwedle di-ri am ein gwylie trist.

Seth Crook

Someone Coughs in Another Language

(for Nanna's nanna)

I sometimes wonder how far up my family tree
I need to climb to find the final Welsh speaker.
Would it be Miss Parry of Llanleonfel hamlet?
Or Mr Powell of Llanganten? Or Miss Price

of Llŷn? I imagine someone clearing their throat,
travelling along the new railway line from Builth,
heading out of their language, quietly coughing
before practising my odd, hard-to-say words.

So here I am shuffling the little yellow man forward,
a curious Google Maps pilgrim, along the A470.
Or rather viewing the screenscape of the road,
looking for a turn off to Disserth, a parish church

mentioned in the family Bible, a day in 1860.
I find a caravan park, a perfect church, a gate,
but my man can't shuffle ahead any further.
He's stuck. As if history allows only so much.

I imagine him trying the gate, leaning over
towards my never-photographed relations,
needing the ancestral glimpse, coughing politely,
'Excuse me, but can I come a little closer?'

Pesychu Mewn Iaith Arall
(i nanna Nanna)

Tybed pa mor bell 'nôl drwy fy achau
rhaid treiddio cyn ffindio siaradwr Cymraeg?
Ai tybed Miss Parry o Lanllywenfel?
Ynte Mr Powell o Langanten? Ai Miss Price

O Benrhyn Llŷn? Dychmygaf rywun yn clirio llwnc
ar drên ar y lein newydd o Lanfair-ym-Muallt,
yn mudo o aelwyd iaith, a phesychu'n ddistaw
cyn mentro'r geiriau heriol, mor gyfarwydd i mi.

Felly dyma fi'n gwthio'r pererin bach melyn,
o urdd Google Maps, 'rhyd yr A Pedwar Saith Dim.
Neu'n hytrach yn dilyn sgrinluniau o'r briffordd
am droad Betws Diserth, ac eglwys y plwyf

nodwyd yn yr hen Feibil ryw ddydd ym mil wyth chwe deg.
Mae parc carafannau, ac eglwys fach berffaith, a giât.
Ond all y dyn bach melyn straffaglu ddim pellach.
Dyna ni, wnaiff hanes ddatgelu dim mwy.

Rwy'n ei ddychmygu, 'rôl trio agor y glicied,
yn ceisio sylw 'mherthnasau na chofnododd 'run llun,
mynnu cip ar 'stalwm y teulu. Peswch bach clên:
'Os nad ych chi'n meindio, alla i ddod fymryn nes?'

Rebecca Lowe
The Cambrian Way

'E's a solid backbone,
I'll give 'im that, the way
'e stands up for 'imself,
like Pen y Fan and Yr Wyddfa,

'is head's in the clouds,
but his boots in the earth.

'E's like that Rocking Stone near Pontypridd,
battered, but never fallin' down.
You can't knock 'im —
'is mouth's as wide as Ogof Fawr,
tongue on 'im like a pike,
there's no messin'.

Built like the Abercynon Colliery
pickaxing 'is way through the crowd,
'e digs out black diamonds from the dirt,
ew can 'ear 'im laughing a mile off.

I wouldn't mind bettin'
'e could even 'old the Senedd
in the palm of 'is 'and
without even tryin', mun,
wearin' the Taff like a necklace.

Like Brân the Blessed,
striding across the landscape
North to South in a few hours,
ew could chop 'is 'ead off
and 'e'd still keep chopsin'.

Llwybr y Cymry

Ma' gynno fo asgwrn cefn,
dduda i hynna o leia, ffor'
m'o'n amddiffyn 'i hun
fatha Pen y Fan a'r Wyddfa,

ben o yn y cymyla
ond 'i sgidia fo ar lawr.

Fatha'r Garrag Siglo 'na wrth ymyl Pontypridd,
'di'i waldio, ond byth yn syrthio.
Elli di ddim 'i guro fo –
geg o mor llydan â'r Ogof Fawr,
tafod fatha penhwyad,
dim lol.

Sgwydda pwll glo Abercynon
yn ceibio'i ffordd trw'r dyrfa,
cloddio deiamwntia duon o'r baw
a ti'n glywad o'n chwerthin filltir i ffwrdd.

'Swn i'n rhoi pres arni hi
'sa fo'n medru dal y Senedd 'na
yng nghledar 'i law
heb drio 'sti, was,
gwisgo afon Taf fatha mwclis.

Fel Bendigeidfran,
cerddad ar draws y wlad,
Gogledd i'r De mewn rhyw awr neu ddwy,
'sa ti'n medru torri'i ben o ffwrdd
a 'sa fo'n dal ati 'deud hi.

Sara Louise Wheeler
Cynhadledd yn y Gwesty Gwyrdd

Oherwydd ei bod hi 'Yr un mor anghyfleus i bawb'
yn ôl pob sôn, ac felly yno y cynhaliwyd hi.
Teithio ar y trenau anghyson –
a oedd yn well na'r opsiwn amgen
o yrru lawr lonydd unig, troellog
i ganol nunlle, a cheisio parcio
heb y math o ddarpariaeth resymol
yr wyf wedi dod i arfer â hi, a'i disgwyl.

Cymysgedd swreal o'r hen a'r cyfoes –
moethusrwydd a'r diffygiol. Bwyd anhygoel –
a hyd yn oed sglodion afocado!
Ond dim dolen yn ei lle i hwyluso'r gwrando,
i'r rheini ohonom, sy'n hawlio'n lle nawr
o fewn academia fodern –
er gwaethaf ein 'namau' a'n 'gwendidau'.

A finnau'n flinedig, wedi'r holl drafaelio,
a'r oriau hir yn gweithio,
yn fy swydd newydd afresymol.
Dringo'r grisiau a chrwydro drwy'r
coridorau bwganllyd – fel yn y ffilm arswyd
am felltith y gofalwyr yn yr eira.

Profiad bach tu hwnt i swreal fu hwn,
fy ymweliad cyntaf â'r gwesty,
a'i enw sinistr sy'n hanu
o gyfnod yr Ymerodraeth gynt.

Conference at the Green Hotel

Because it's 'Just as inconvenient for everyone'
apparently, and so that's where it was held.
Riding the irregular trains –
a better option than the alternative
of driving down lonely, winding roads
to the middle of nowhere, attempting to park
without the kind of reasonable provision
I have become accustomed to and now expect.

A surreal mix of old and modern –
luxury and lacking. Amazing food –
and even avocado chips! But no
hearing loop in place to facilitate listening,
for those of us who now claim our place
in modern academia – despite our
'impairments' and 'weaknesses'.

And I'm tired, after all the travelling,
and the long hours working,
in my new unreasonable job.
I climb the stairs and wander through
the spooky corridors – like in that horror film
about the curse of the caretakers in the snow.

A beyond surreal experience,
my first visit to the hotel
with its sinister name emanating
from the age of the Empire past.

Adele Evershed

The Art of Embroidering a Road Through the Eye of Heaven

Knot an anchor thread to the boiling Irish Sea / with the first stitch go down and through the seam of hoary slate / and up and over Snowdonia—fly stitch—fly stitch / embroider back to go on / zigging—zagging / past gossiping bridges / bone bright chapels / leave a delicate scarlet cross stitch / over Rhos Goch / a needle-point marking all the bloody outlaws / as you go / patch with other roads to keep you on the straight / narrow green / a herringbone for tea / lovely every now and then / later you can hem a kestrel creweling overhead / for the stolid sheep / satin stitch / honest / full / simple / weave faster / button holing through Builth Wells / quilt a blanket over Brecon / tack a forest of stems / filling the lushy twill / pouncing with charcoal and cockles / dust over the bluffing mountain / now you're running—in—out—in—out / couching / with double thread / reaching the bullion knots of Cardiff / gilt the castle / and at the end / rough purl Caroline Street / chips and curry sauce / banging / know you have pulled your needles through the eye of heaven / and made a tapestry of the wildest wild of Wales /

.

Sut i Frodio Ffordd Trwy Grau'r Nefoedd

Gwna gwlwm / i'w angori'n dynn wrth ferw Môr Iwerddon
/ a gwthia'r pwyth cyntaf trwy lygad y llechfaen / fyny ac i
lawr Eryri—pwyth rhedeg—pwyth rhedeg / brodio'n ôl i fynd
ymlaen / igam-ogamu / heibio pontydd yn cario clecs / capeli
fel esgyrn gloyw / gadael pwythi croes ysgarlad main / ar hyd
Rhos Goch / gwaith cain yn nodi'r Gwylliaid / ac wrth it fynd
/ bydd clytwaith o ffyrdd eraill yn dy gadw ar y llwybr cul /
pwyth cas pêl amser te / tlws ar achlysur / nes ymlaen rhoi
hem ar y cudyll ac edau fain uwch ei ben / gwna'r defaid dwl
/ yn bwythi sidan / gonest / syml / llawn / nydda'n gynt /
tyllau botymau trwy Lanfair-ym-Muallt / cwiltio carthen dros
y Bannau / bras bwytho fforest o foncyffion / llenwi'r brethyn
caerog / neidio gyda golosg a chocos / llwch dros y mynydd
heriol / rŵan ar wib—mewn—allan—mewn—mas nawr /
pwyth gorwedd / ag edau gyfrodedd / a chyrraedd clymau
bwliwn Caerdydd / euro'r castell / ac yn y pen draw / pwyth
o chwith ar hyd Stryd Caroline/ tsips a cyri sôs / *banging* / a
sicrwydd dy fod wedi tynnu dy nodwydd trwy grau y nefoedd
/ a chreu brithlen o wylltir gwylltaf Cymru /

Matthew M.C. Smith
Ancient Navigations

On a hairpin bend at Libanus, a blue Kawasaki
leans, veers, kicks from the windshield.

We drive live terrain, a pulse on the map, past fields
razed to stubble and upland to orthostat valleys,
under peaks slicing and paring the sky. You press
and cover my hand. Every mountain folds over, every ridge

cuts and falls and parcels of land are stitched, sewn and
snipped; grades of a green garment paling and darkening
in switching light. Only those closest to the earth
know its root-words, its pathways as tongues spiralling

through warmth out of silence and its ghosts, spirits magnetised
to rock; travellers, dwellers, drovers, people of its land.
At Ystradfellte, we stop by the broken Roman road,
forked from the highway, a testament to dead supremacy,

and walk to the standing stone. I kiss you against the rock. I love
you, I love you. Rooted in the feet, in this earth. Making
impressions
in light. Your poker-straight hair, your easy fall, your face to
hold.
On the route west, the sun is a crown in a ring and we, travelling

on this slate-grey artery, pass over ancient navigations,
travel in the wind with all our people.

Hen Lwybrau

Ar dro cas ger Libanus mae'r Kawasaki glas
yn gwyro, yn osgoi rhywbeth, cic o'r sgrin wynt.

Gyrrwn trwy dirlun byw, curiad calon ar y map, heibio caeau
adladd ac ucheldir i gymoedd sy'n codi pendro,
o dan gopaon sy'n pario a thafellu'r awyr. Ti'n gwasgu
dy law tros fy un i. Mae pob mynydd yn plygu, pob crib

yn hollti a disgyn a chlytiau o dir yn cael eu pwytho
a'u tocio, gwyrdd a glaswyrdd y dilledyn yn goleuo a thywyllu
wrth i'r golau newid. Dim ond y rhai agosaf at y ddaear
ŵyr wreiddiau ei geiriau, ŵyr ei llwybrau sy'n dafodau'n troelli

trwy'r gwres o'r distawrwydd, ac a ŵyr am ei hysbrydion,
eneidiau'n glynu wrth y creigiau;
teithwyr, pentrefwyr, porthmyn, pobl y tir hwn.
Yn Ystradfellte, arhoswn wrth olion y ffordd Rufeinig,
sy'n arwain o'r briffordd, tyst i oruchafiaeth a fu,

a cherddwn at y maen hir. Cusanaf chdi yn ei erbyn. Caraf
chdi, dw i'n dy garu. Gwreiddia ein traed yn y ddaear hon.
Argraffu gyda'r golau.
Dy wallt syth, dy godwm rhwydd, dy wyneb yn fy nwylo.
Yna awn tua'r gorllewin, yr haul yn goron mewn modrwy, a
ninnau'n marchogaeth

ar hyd gwythïen y llechen lwyd, yn dilyn hen lwybrau,
yn teithio yn y gwynt yng nghwmni'n holl hynafiaid.

K.S. Moore
More Than Winter
Brecon, 1993

I was so young.
I stood at the edge of a waterfall,
cried her happy tears,

let her dress me in silver-white,
a lace so fleeting,
it could not be shaped.

I wore it in moment, and later,
in memory, a fishtailed bride
before I knew romance.

Living for Sundays,
the worn, stitched
mountains, Dad at
the wheel, my hands
on Mum's shoulders.

Ears popping, miles on,
air stealing ice, it was
more than winter.

Gaeaf a Mwy
Aberhonddu, 1993

Mor ifanc oeddwn.
Safwn ar odre rhaeadr,
a wylo'i dagrau llawen,

gadael iddi 'ngwisgo'n arianwen,
les oes eiliad
ar goll cyn ymffurfio.

Fe'i gwisgais mewn amrantiad, a thrachefn,
mewn atgof, fel priodferch gwisg môr-forwyn
cyn i mi adnabod serch.

Dyheu am y Suliau,
a'r mynyddoedd garw gwniedig,
Dad wrth y llyw, a'm dwylo
ar ysgwyddau Mam.

Clustiau'n clecian, llyncu'r milltiroedd,
yr awyr yn sugno'r iâ, roedd
yn aeaf a mwy.

Mari George
Eira ar y Bannau

...troir y naws yn sydyn iawn,
dy eiriau mor galed â Ionawr
a rhaid stopio'r car,
gan ein bod yn sownd yn y geiriau hyn.
Does dim o'm blaen
a dim tu ôl
a'r ddadl yn mynd rownd a rownd yn ei hunfan.

Blanced yw'r ateb
a phaned glaear o fflasg llawn olion bysedd
a gwylio'n gilydd yn tynnu anadl.

A daw yn ôl ryw enaid,
o'r llymeidiau,
ac eirlaw o ddeall tawel;
awn yn ein blaen
at y man
nad yw'n wyn.

Yn y drych,
gwelaf, efallai,
ein hysbrydion
yn dal i ffraeo.

Snow on the Beacons

...the mood is very sudden,
your words as hard as January
and the car must stop,
as we are stuck in these words.
There's no before
and no behind
and the debate goes round and round.

A blanket is the answer
and a cool cuppa from a fingerprint flask
and watching each other breathe.

And he will bring back some soul,
from the squashes,
and a melody of quiet understanding;
let's go on
to the place
that is not white.

In the mirror,
I see, perhaps,
our spirits
still arguing.

Rae Howells
Pipistrelle

It was before I knew you, when you were nothing but wings
in my stomach, knocking your bone-ends against
the tight balloon of my skin. It was July. Hot. The air was a bushfire.

Outside, the afternoon's terrible heat
grated the pavement, making it rise and splinter and shimmer
and burn
until out of the sun's blind ultrasound dropped

a pipistrelle. Little appalled slub on the day's strings,
spatchcocked on a square of sunlight,
awkwardly boned and obsolete. We clambered into the car,

the box with its nocturne safe inside, its grounded poem,
everything packaged up neat as a stuffed vine leaf,
fully equipped: the night's song, its moon tongue and sunless words,

its delicate mothlore, an unabridged map of the stars.
Just think of her, bewildered pipistrelle,
sealed in the dark, hurtling so fast away from her mother,

the pulse of each gear change on the road to the bat hospital,
like a heartbeat, Caersws, Llangurig, pressed tight to the
winding flanks
of the River Wye. And you, in the darkness of my body's roost,

soundlessly listening, already making your map of the stars.

Pipistrellus

Cyn i mi ddod i d'adnabod di, dim ond adenydd oeddet,
yn cnocio dy esgyrn main o fewn balŵn tyn fy mol.
Mis Gorffennaf oedd hi. Poeth. Yr aer fel gwair ar dân.

Tu fas, malai gwres ofnadwy'r prynhawn y palmant,
yn gwneud iddo godi a dryllio a llosgi a ffwrndanio
nes i'r haul dall ollwng rhywbeth o'i sgrin uwchsain:

Pipistrellus, yr Ystlum Bychan. Cwlwm yn syfrdan ar
linynnau'r dydd,
ar sgiw mewn sgwâr o olau melyn, ar ddarfod
a'i esgyrn yn lletwith bob siâp. Dringon ni i'r car

gyda'r bocs a'i hwyrgan yn ddiogel o fewn iddo, cerdd ar lawr,
popeth mewn parsel taclus, fel deilen gwinwydden wedi'i stwffio,
yn cynnwys pob dim y bydd ei angen, cân y nos, tafod y lloer
a geiriau heb haul,

chwedlau'r gwyfynod, map manwl o'r holl nen.
Meddylia amdano, yr ystlum dryslyd,
wedi'i selio yn y tywyllwch, ar ras mor gloi oddi wrth ei fam,

pwls y peiriant yn newid gêr ar y ffordd i'r ysbyty ystlumod
fel curiad calon, Caersŵs, Llangurig, yn cwtsio'n dynn wrth
ystlysau troellog
afon Gwy. A thithe, o fewn tywyllwch clydfan fy nghorff

yn gwrando heb siw na miw, eisoes yn dyfeisio dy fap o'r sêr.

Julian Brasington
Oh Road

gathering your people like ink blots
along the thread of yourself

as though you were a border
driven yet further west
or a chain land gifts to the king

of the sea
that he might wrest you
an island

I read in you
declinations
risings

a fondness for the blind swerve
like some jinking fly-half
running into and out of legend

I could summer
winter my days in you
and not know

if you are god or a devil
nor where your beginning ends

Am Ffordd

casglu dy bobol fel blotiau inc
ar linyn dy hunaniaeth

fel petaet yn ffin
a wthiwyd fwyfwy tua'r gorllewin
neu'n gadwyn mae'r tir yn ei roi i frenin

y môr
er mwyn iddo rithio
it ynys

darllenaf ynot
ogwyddiadau
gelltydd

hoffter o droadau deillion
megis igam-ogamu maswr
yn chwarae mig rhwng gwir a chwedl

gallwn innau ganu'r haf
a galarnadu'r gaeaf
ar dy hyd
heb wybod

ai duw ai diafol wyt ti
na ble daw dy gychwyn i ben

Jeremy Dixon
'Like my Jealousy'

I'm growing my hair long again
just like it was in school

so I can sway surreptitiously
in the dark of an end of term bop

I'm learning to swish again
like I tried in sixth form so

pick me up at Pen y Fan
to jig upon the midnight moor

driving wild in red tights
solstice witching on a dare

lying across the white lines
praying whatever's changing gear

beyond the next bend
is a blazing Heathcliff

'Like my Jealousy'

dwi'n tyfu 'ngwallt yn hir eto
yn union fel roedd e'n 'rysgol

fel y galla i siglo'n llechwraidd
yng nghysgodion y bop diwedd tymor

dwi'n dysgu swisio eto
fel ôn i yn chweched dosbarth felly

cod fi ym Mhen y Fan
i wibddawnsio ar weunydd y nos

gyrru'n wyllt mewn teits cochion
swyno yn nwyf Alban Hefin ar her

gorwedd ar draws y llinellau gwynion
yn gweddïo'r gobaith i'r newid gêr

ynghudd tu hwnt i'r tro 'na
fod dan law eirias rhyw Heathcliff

Annes Glynn
A470, 2021
i Eban, Twm, Lena a'u rhieni

Y siwrnai, mwy na chyrraedd pen y daith,
yw'r hyn sy'n cyfri' meddan nhw erioed;
profiadau'r lôn – yn gysur ac yn graith –
sy'n cyfoethogi map ein llwybr troed.
A chyn y Clo, rhwng Arfon a Chaerdydd,
gosodwyd siâp ein trywydd ni'n ei le,
dyluniwyd atgof, a stôr straeon sydd
wrth wraidd sawl tirnod ar ein ffordd i'r De.

Ond heddiw, wfft i'r te a'r gacen gri
a'r oedi ar lan afon i gael gwynt!
Llowcio'r milltiroedd wnawn a'r car yn si;
os hardd yw'r wlad, ni sylwn ar ein hynt.
Cyrraedd sy'n ganiad, cerdd yw'r datod clo
a'u lleisiau: 'Nain a Taid! Su'mai ers tro?'

A470, 2021
for Eban, Twm, Lena and their parents

We're told that it's the journey, not its end,
that we should cherish as we make our way
along life's rough and smooth, straight line and bend.
Our route is what defines us, so they say.
Arfon-to-Cardiff's drive has shaped our map,
landmarks hold memories of each visit south;
and then the Virus locked us in its trap,
those names the taste of hiraeth in our mouth.

Today there are no stops for tea and cake,
no idling by a stream for some fresh air.
The car gulps down the miles without a break
ignoring Nature's beauty... And we're there!
The door's ajar, the latch sets free their song
of welcome: 'Nain and Taid! It's been so long!'

Ben Ray
Unzipping Wales

Grip Wales firmly by North Shore Parade at Llandudno
            and pull downwards. The road should split cleanly
        along the dotted middle lines. Watch
                        the landscape peel away smoothly as you go:
how the power station at Blaenau Ffestiniog fizzles out
        like a firefly as it slips into the water at Cardigan Bay
            Cadair Idris deflating into the rumpled cloth of Snowdonia
                        the river Wye unravelling as you pass through Rhay
            You should feel some resistance when you reach
        the Valleys, unknitting communities and pulling apart coalfields
(look how the Brecons curl back like paper when released, England-bour
                Try not to spill the red of Castell Coch as you pass:
    it will stain the tarmac, and will stay with you
        to the flyover at the Gabalfa, where the weight
            of the now-opened country will propel you through Card
upending the Millennium Centre into the Bay.
            You should now be holding the unzipped country in your ha
                Put it on. It's a perfect fit.

Gafaela yn dynn yn y tir nid nepell o Ben y Gogarth
        a thynna ar i lawr. Dylai'r ffordd hollti'n lân
    hyd linellau bylchog y canol. Gwylia'r
                tirlun yn datod yn rhwydd wrth i ti symud:
ᵉ pwerdy Tanygrisiau yn diffodd
    fel pry tân wrth lithro i donnau Bae Aberteifi
        Cadair Idris yn crebachu yn erbyn brethyn blêr Eryri
                dŵr afon Gwy yn dadblethu wrth i ti fynd trwy Raeadr.
    Mi deimli ryw rwystr pan gyrhaeddi
    y Cymoedd, cymunedau a meysydd glo yn anodd i'w gwahanu
ʿedrych ar y Bannau yn cyrlio fel papur o'u gollwng, tua Lloegr).
    Ceisia beidio colli lliw Castell Coch wrth fynd heibio:
byddai'n staenio'r tarmac, ac yn aros efo chdi
    wrth i ti hedfan dros Gabalfa, a phwysau'r wlad
        wedi'i hagor y tu cefn i ti yn dy wthio drwy Gaerdydd
ac yn powlio Canolfan y Mileniwm i mewn i'r Bae.
    Rŵan mae Cymru yn dy law, â'r zip wedi'i agor.
        Gwisga hi. Mae hi'n ffitio'n berffaith.

Sammy Weaver
Pwll-y-Wrach

In the museum of lost words
there is a film playing on repeat

                of a waterfall
              with a woman's voice

like pull or pool but pwll

                lifting at the edges
                of the tongue

like a sheet of paper
when it burns

              wrach like wretched
                or a wraith

of silver light

              her voice is llaith
            is moist like mwsogl

like lobes of spit
gathering at the corner of a mouth
              merch y dŵr with her mother
            she says between breaths

and a young woman appears
on the screen, following

              a woman with white hair
           and a stick. They are walking

as if wounded
as if they do not have the iaith
           for this cwm, the words for this world —
            like pull or pool but pwll lifting

at the edges of your tongue
like a sheet of paper

             when it burns

Pwll-y-Wrach

Yn amgueddfa y geiriau coll
dangosir ffilm trosodd a throsodd

rhaeadr
â llais menyw

pwll, a sain yr ll

yn codi ymylon
y tafod

fel dalen o bapur
yn llosgi

y wrach,
mymryn bach

o olau arian

a'i llais yn llaith
fel mwsogl

a'r darnau poer
yng nghornel y geg

merch y dŵr gyda'i mam
medd bob yn ail ag anadlu

yna ymddengys menyw ifanc
ar y sgrin, ac yn ei dilyn

gwraig â'i gwallt yn wyn
â'i phwys ar ffon. Cerdda'r ddwy

fel pe baent wedi'u hanafu
fel pe na bai ganddynt iaith

y cwm, na geiriau'r byd hwn –
pwll a sain yr ll

yn codi ymylon y tafod
fel dalen o bapur

yn llosgi

71

Osian Jones
Ar Ffo

Dwi eisiau cael cyffwrdd y tir di-ben-draw,
dwi'n enaid aflonydd, fel cawod o law,

wrth ganlyn y cerddi sydd heibio'r troad
a chlywed caneuon sy'n chwilio am gariad,

a'r nos yn fy nghanlyn fel cysgod mewn gwrych,
fy ngwên fel y wawr yn tywynnu'n y drych.

Yn nharth cynta'r bore, a'm llys heibio'r llen,
wyf Arawn ym Mallwyd, wyf Bwyll yn Llys-wen.

Mae'r wlad yn ymrithio ar lôn rhwng dau fyd,
a ddoe wedi'i losgi fel tanwydd drud.

Â rhai tua'r gogledd, rhai'n chwim am y de,
i mi, yn y rhwng, ar ffo, dyna'r lle.

Mae poen mewn llonyddu. Mae uffern mewn taith.
Ond rhaid ydi troi tua'r trywydd maith, maith.

Escape

I want to know the land's endless power,
I'm a restless soul, like a springtime shower,

as I follow the poems around every turning
and hear the lovestruck verses' yearning,

with my every movement shadowed by night,
my smile is the dawn, my reflection bright.

In the first mist of morning, my magic again
makes me Arawn in Mallwyd, and Pwyll in Llys-wen.

Between two worlds the pathway's threaded
and yesterday burnt like expensive unleaded.

Some hurry northwards, down south others race,
while I, in the 'tween, escape, that's my place.

Each stop brings me pain. There's hell round each bend.
But turn I must to the trail without end.

Gareth Writer-Davies
Lay-by, Storey Arms Pass

late
so five minutes won't make a difference

it's raining
chunks

the wipers
taking a breather at the ten o'clock position

this road is closed
snow covering the contours like spilt emulsion

and glaciation
is pouring newly over the crags and darrens

I consider
sleeping in my car

whilst the snow and ice
grind out a new level

five minutes
won't make a difference

·

Cilfan, Bwlch y Storey Arms

hwyr
wnaiff pum munud fawr o wahaniaeth felly

mae'n bwrw eirlaw
yn dalpiau

a'r weipars
yn dal eu hanadl am ddeg o'r gloch

ar gau mae'r ffordd hon
a'r eira'n orchudd o emwlsiwn a ollyngwyd ar y dirwedd

a rhewlifiant
yn llifo o'r newydd dros glegr a tharren

ystyriaf
gysgu yn fy nghar

wrth i'r eira a'r rhew
lifanu lefel arall

pum munud
wnaiff fawr o wahaniaeth

Natalie Ann Holborow
Prodigal

Here's the road's long scar, the car door's clap
that unhinges you onto the forecourt, the familiar

diesel breeze. The lit shape of a Fiat, small and red,
glows like coal on that vertical bypass

where eventually you'll stop at the edge of a coast,
to the sea's grey flanks against sand.

A braid of foam, a salt-cry, a thick snowfall
of gulls on the track. In town, the bricks are feverish –

the poets are swimming to greet you. You, too, have something
to say,
tongue lapsing over starred evocations, anchors dropped from the
jaw.

In the crow-black night, cigarettes unspool from doorways,
light as silk. Mamgu's so glad you're home.

Yr Afradlon

Dyma graith hir y ffordd, clep drws y car
sydd rywsut yn dy fwrw'n rhydd i gwrt y garej a sawr

cynefin y dîsl. Y Fiat fel pe dan lifolau,
bach a choch fel colsyn yn uchel ar y ffordd osgoi

hyd y pen draw, ryw ben, ar fin yr arfordir,
ac ystlysau llwydion y môr yn crafu'r tywod.

Ewyn yn blethwaith, cri hallt, storm eira
o wylanod ar y llwybr. Yn y dref, mae'r briciau'n ferw –

mae'r beirdd yn nofio i'th gyfarch. Mae gennyt ti, hefyd, dy neges,
dy dafod yn neidio rhwng gwefr atgofion, ac angorau'n
gollwng o'r genau.

A'r nos yn ddu fel y frân, mae mwg y sigaréts o'r drysau'n
troelli'n sidanaidd. Mae Mam-gu mor falch dy fod gartref.

Ion Thomas
Edefyn

Pan gyhoedda cloch yr ysgol
gyfnod gobaith a gŵyl goleuni,
casglwn ein sgidiau,
trefnwn ein siwmperi,
cotiau a chrysau a llwythwn ein sachau.
Trown ein cerbydau gorlwythog
fel camelod y marsiandïwyr gynt,
a ninnau'n fforwyr chwilfrydig
gan bererindota ein Camino de Santiago.
Oedwn wrth ambell ffynnon a cherflun,
a chofiwn chwedlau'r bryniau.
Ailadroddwn straeon am
goedwig a llyn a thywysog
a chlywn enwau fel adleisiau,
yn dwyn i gof hen droeon
ac ifanc wynebau
gan ailbwytho clytwaith ddoe
yn dapestri lliwgar.
Edefyn anweledig
o daith doredig,
mor nodedig â Route 66,
yn wahoddiad neu'n orfodaeth,
yn gwysio ac yn ein tywys
trwy ein Cymru.

Thread

When the school bell announces
a time of hope and a festival of light,
we collect our shoes,
organise our sweaters,
coats and shirts and fill our sacks.
We turn our overloaded vehicles
like age-old merchants' camels,
and become curious explorers
on pilgrimage on our Camino de Santiago.
We pause by wells and a statue,
and remember the legends of the hills.
We retell stories
of forest and lake and prince
and hear names like echoes,
recalling old journeys
and young faces
as we re-stitch yesterday's patchwork
into a colourful tapestry.
An invisible thread
from a broken journey,
as notable as Route 66,
an invitation or obligation,
that summons and guides us
through our Cymru.

Angela Graham
An Irishwoman is Introduced to the Major Roads of Wales

Nineteen-eighty-two. And I was twenty-five.
I had spread the map of Wales
across the Cardiff office desk
and was climbing the country with my finger-tip
on the A Four-Seventy, a kinking, juking road
– now right, now left, about and round –
and trialling the names of places
– Nant-ddu, Llanddew –
in my new and careful Welsh
when he grabbed my hand and forced it
up in a northwest slash to Holyhead then right
– a ouija planchette swung
by the spirit's force –
across the country's top and down
its length and, sweeping westward,
thrust me into Fishguard on the coast.
'Wales is just a place the English cross to get to you!'
He didn't grip my neck and force my face to the paper
but he might as well have done.
'Look at our roads. Made for them, not us.
Where do we want to go? That's what the Welsh should ask.'
I straightened up and took a second look.
Roads flung down on a country?
'Like that cloak Elizabeth's foot trod on
to cross a puddle. The smaller people take the crooked route.'

Gwyddeles yn Dysgu am Briffyrdd Cymru

Mil naw wyth dau. Rôn i'n bump ar hugain.
Roeddwn wedi agor map o Gymru
dros fy nesg yng Nghaerdydd
ac yn dringo'r wlad â blaen fy mys
ar yr A470, ffordd yn igam-ogamu
('juking' ys dwedwn wrthyf fy hun)
– i'r dde, wedyn i'r chwith, o gwmpas a throsodd –
ac yn treial ynganu'r enwau
– Nant-ddu, Llanddew –
yn fy Nghymraeg newydd a gofalus
pan wnaeth e gydio yn fy llaw a'i gorfodi
mewn slaes tua'r gogledd-orllewin i Gaergybi ac yna i'r dde
– plocyn bwrdd ouija
wedi'i yrru gan ysbryd –
ar draws y wlad ac yna i lawr
cyn sgubo i'r gorllewin
a'm bwrw i harbwr Abergwaun.
'Dim ond rhywle i'r Saeson groesi i'ch cyrraedd chi yw Cymru!'
Wnaeth e ddim fy nal gerfydd fy ngwddf a gwthio fy wyneb
ar y papur ond fe deimlai felly.
'Edrych ar ein hewlydd – er eu mwyn nhw, nid ni.
Ble dyn ni am fynd? Dyna ddylen ni'r Cymry ofyn.'
Codais fy mhen ac edrych eto.
Ffyrdd wedi'u taflu ar wlad?
'Fel y clogyn yna droediodd Bes arno
i groesi pwll dŵr. Y ffordd droellog i'r bobol bach.'

Mererid Hopwood
I Ferthyr

Un awr fach yng Nghymru ar dy wibdaith drwy'r byd?
Eisiau'i gweld hi a deall ei stori i gyd?

Wel Merthyr amdani, rhwng cyfnos a gwawr,
i ffedog côl hanes; ac o fin y ffordd fawr
cei fryniau Cilsanws, cei glywed hen gur
ebillion yr efydd cyn bod siarad am ddur;
cei'r locomotif gyntaf i bwffian stêm,
cei baffio Johnny Owen, ac mae'n fwy na gêm
pan fo cof Rhyd-y-Car a chof Dowlais Top
a chof y Galon Uchaf yn curo'n ddi-stop,
fel curo morthwyl, fel curo gordd,
y twrw, y bwrw, y ffusto, y ffordd,

a thros Bont y Cafnau, y dŵr a'r calch,
cei gip ar waed amser mewn un faner falch,
a thrwy bymtheg llygad Pont Cefn y Coed,
cei Chwaer a Brawd Rhyddid ar ysgafn droed
yn galw ar eu ffrindiau dan hen Bont y Cefn,
maen nhw'n gwybod bod hi'n amser newid y Drefn,
trech na chyfarth cŵn elw a'u cestyll a'u sioe
yw cri Dic Penderyn, yw camwedd ddoe,
yw lleisiau'r plant bychain rhwng y meini can –
ac mae cariad pob calon yn nhir Aberfan...

Ond llithrodd dy orig, mae'n bryd i ti fynd,
mae gweddill dy wibdaith yn dy hawlio, fy ffrind.
Fe welaist ti Gymru, ac o Gymru, y byd,
dim ond ti sy'n gwybod a'i deallaist i gyd.
Hei lwc ar dy siwrne dan yr haul mawr gwyn.
Dwi'n aros yma. Mae'n fory fan hyn.

To Merthyr

A world-wide tour with a whistle-stop in Wales,
just an hour or so to understand all her tales?

It's got to be Merthyr, as night touches day,
to catch history's apron being folded away,
catch the hills of Cilsanws, catch the age-old ache
of the stone and the iron, before the steel came to quake,
catch the first locomotive to cough out steam,
catch Johnny Owen's boxing – it's more than it may seem
when memories are beating in Rhyd-y-Car and Dowlais Top
and up in Galon Uchaf and the beating doesn't stop,
like the beating of a hammer, and the beating of a heart,
twrw, bwrw, bwrw, twrw, and this is just the start;

look through Pont y Cafnau, see the water and the lime,
and catch a banner trembling with the blood of time,
and through Pont Cefn y Coed, through her fifteen eyes,
catch Freedom's Brothers, Sisters dancing in disguise,
and under Pont y Cefn they're calling, 'cause they know
that it's time to join the dancing, time to change the status quo,
for while the hounds of profit keep on barking fright,
Dick Penderyn's *camwedd* comes loudly through the night.
Can you hear the children's voices? For sure you can,
and the voice of love that's sighing in the ground of Aberfan...

But, hey, your short stop's over, your visit's at an end,
the road is waiting, waiting, you must hurry on, my friend;
and yes, you heard the story of the world that is Wales
but only you can tell me if you understood the tales.
Go on, enjoy your travels beneath the great white sun –
but this is where I'm staying. Tomorrow's just begun.

Pat Edwards
Apollo Over Merthyr

The capsule hovered over the Gurnos,
above car parks and canal bridges
where the county lines guys hang out;
there's plenty of docking after dark.

He couldn't find the Sea of Tranquility
navigating by the stars, found a reservoir,
a patch of open ground. Counting down,
the module bumped onto gorse and bracken.

Mr Thomas at the end of the terrace
thought he heard something strange
but you can't really trust the old boy
these days, if truth be told.

Descending the steps, like a caged miner
he gathered samples from black seams,
breathed the dust. The mother ship sang
guide me oh thou great Jehovah.

Then it was the end of another shift,
time to sink a swift pint of Brains;
time to tell the grandkids home truths,
that a job for life was all an elaborate hoax.

Apollo Dros Ferthyr

Bu'r capsiwl yn hofran dros y Gurnos
uwchlaw'r meysydd parcio a phontydd y camlesi,
cynefin bois y llinellau cyffuriau;
mae digon o ddocio yn y gwyll.

Doedd dim golwg o Fôr Llonyddwch
ond wrth gwmpawd y sêr canfu gronfa,
darn o dir agored. Tri-dau-un –
a'r modiwl yn glanio'n swp yn yr eithin a'r rhedyn.

Meddyliai Mr Tomos yn y tŷ pen
iddo glywed rhywbeth od
ond 'sdim gormod o goel ar yr hen foi
dyddiau hyn, dyna'r gwir.

Camu lawr y grisiau, fel glöwr o'i gaets,
casglodd ei samplau o'r gwythiennau duon,
anadlodd y llwch. Canai'r famlong
Arglwydd, arwain drwy'r anialwch.

Ac yna roedd hi'n ddiwedd sifft arall,
amser i joio peint cyflym o Brêns;
amser dweud mwy o'r gwir wrth yr wyrion
mai chwarae cast cymhleth oedd joben am oes.

Llŷr Gwyn Lewis
Lleiniau

Hon ydi'r lôn sy'n ei chyfleu hi
o un pen o'i bywyd i'r llall.
Gadawodd rannau ohoni'i hun hyd-ddi
(wrth gyrcydu i biso, neu mewn chwydfa
ryng-golegol) nes na ŵyr a yw'n mynd neu'n dod.

Mae hi'n tiwnio mewn i'r tywydd a'r traffig,
yn nabod ei hun yn ei dagfeydd, ac yn teimlo'n
glyd yn erbyn canghennau'r glaw

tra mae o yn sgrolio drwy sgrin
a winsgrin yn sgrolio'i golygfeydd cyfarwydd:
briwsion y sgwrs mor sych â'r frechdan.

Mi ddylen nhw fod yn hwylio i lan môr
neu i un o'r llefydd yr addawon nhw'u gweld:
Abaty Cymer, ochor draw Llyn Clywedog.
Ond lôn i'w dyrnu ydi hon, a chyrraedd ei phen
yn bendifaddau, a does 'na byth amser.

Colli'r radio, ac mae'n nos ar y sgwrs.
Mae hi'n cofio'r hen drofeydd: chwerthin
dim ond am ei bod hi'n hapus yno'n
styc mewn car efo fo a nunlle i fynd;
neu'n rhannu milltiroedd ei phryderon, er ei fod o'n cysgu.

Daw golau gwynlas i'w dallu drwy binwydd y nos
wrth weiddi canu i gadw'n effro; sgwrio gyrru
drwy ymysgaroedd ei gwlad
gan drio dod o hyd i Gymru,
neu ddarn o adre yn rhywle ar hyd y lôn.

Hard Stretch

This is the road that conveys her
from one end of her life to the next.
She has left pieces of herself strewn along it
(crouching to piss, or post-summer-ball puke)
till she doesn't know if she's coming or going.

She tunes into the weather where you are,
recognises herself in the traffic alerts, feels
cosy beneath the branches of the rain

as he scrolls through a screen beside her
and the windscreen scrolls through its familiar scenes:
crumbs of conversation, dry as their sandwiches.

They should be aiming for the sea
or to one of the places they promised to see:
Cymer Abbey, or the far side of Clywedog.
But this is a road to be rushed, to reach its end
without fail, and there is never enough time.

They lose the radio, and night falls on their talk.
She remembers the old journeys: laughing
just because she was happy, there,
stuck in a car with him with nowhere to get to;
or sharing her fears mile by mile, though she knew he was sleeping.

A white light comes to blind them through the pines and the night
and she sings at the top of her voice to keep awake;
she scours the lanes with her wheels,
throttles it through her country's entrails
trying to find a kind of Wales,
a piece of home strewn somewhere along the road.

Tracey Rhys
And in those days...

I sang so much I couldn't converse.
Or perhaps, because I couldn't converse,
I sang. On the A470, I turned up the stereo,
sped past the stipple of houses, its slip-roads
of crash-barriers and house martins.
My first car, a yellow Mini, its chrome
polished to a ten-pence piece, skittering
the hill to art college. Red-brick beauty:
we spooled onto its grounds with toolboxes
of acrylic paints. The crematorium next door
dispensing wind direction. Once inside,
the hearses were periphery-dwellers,
distant enough to be ink splashes,
coffins invisible behind border hedges,
trees overshadowing mourners.
It was only when we opened windows,
sashes parting with a good heave,
that we saw the landscape as it really was,
smelt the fumes of all this living,
heard the dual-carriageway roar.

Ac yn y dyddiau hynny...

Canu fel nad oedd posib sgwrsio.
Neu efallai, oherwydd na allwn sgwrsio,
canu. Ar y ffordd troi'r stereo'n uwch,
gwibio heibio dotwaith tai, y ffyrdd ymadael,
rhwystrau taro a gwenoliaid y bondo.
Fy nghar cyntaf, mini melyn, ei grôm
yn loyw fel pishyn deg, yn sgrialu
hyd yr allt i'r coleg celf. Harddwch briciau coch
a ninnau'n dirwyn ar hyd ei libart â'n bocsys twls
llawn paent acrylig. Yr amlosgfa drws nesaf
yn nodi cyfeiriad y gwynt. Wedi cau'r drysau
nid oedd yr hersys ond trigolion yr ymylon,
mor bell fe allent fod yn flotiau inc,
yr eirch o'r golwg tu ôl i wrychoedd,
a'r coed yn taflu cysgod tros alarwyr.
Dim ond wrth agor ffenest,
ei gwthio ar i fyny â bôn braich,
y gwelem y tirlun fel yr oedd go iawn,
arogli nwyon yr holl fywydau
a chlywed rhuo'r ffordd ddeuol.

Conway Emmett
The Crem

Just off the A470 at Glyntaff,
south of Pontypridd Town,
is –

a place of grief,
a place of fear –

but
   turn
      the
         gaze
            aslant

densely populated
but sparsely peopled
here is Safety

to Me this is what it means to be Queer –
places others shun are Safer

here my body does not grieve
it is less afraid

the dead cannot hurt me

Yr Amlosgfa

Ger yr A470 yng Nglyn-taf,
i'r de o dref Pontypridd,
mae –

lle llawn galar
lle llawn ofn –

ond
  edrych
    arno
      o ongl
         arall

mae'n llawn trigolion
ond yn brin o bobl
yn Ddiogelwch

i Mi dyma yw ystyr bod yn berson Cwiar –
mae'r mannau sy'n esgymun gan eraill yn fwy Diogel

nid yw fy nghorff yn galaru yma
nid yw mor ofnus

ni all y meirwon fy mrifo

Gwenno Gwilym
Ar yr A470

Dysgu dreifio
Diwedd bodio
Dechra speedio

Licio crwydro
Lyfio mwydro
Loosio mynadd

Blydi ciwio
Blino overtakio
Braf bypassio

Smocio rollies
Snacio gormod
Stopio poeni

On the A470

Learn to drive
No more thumbin'
Start speedin'

Likin' roamin'
Lovin' moiderin'
Losin' my patience

Bloody queuin'
Sick of overtakin'
Lovely bypassin'

Smokin' rollies
Too much snackin'
Stopped worryin'

Stephen Payne
Pontypridd Museum

This was a chapel once, by the Old Bridge,
near where Hen Wlad Fy Nhadau
was written. Here, they still fly

lodges' banners, near pulpit and organ,
thirty years on from their pit,
Lady Windsor, Cwm Llantwit,

Divided we fall, united we stand.
Here's Albion Colliery
(scale model), here's an array

of brass lamps. On this wooden sill's a tin
of Jackson's Night-Cough Pastilles.
Its enamelled lid distils

the small hours – houses in black silhouette
against blue night, the yellow
square of a bedroom window.

Amgueddfa Pontypridd

Roedd capel unwaith, ger yr Hen Bont
a'r lle coffeir cyfansoddi
Hen Wlad fy Nhadau. Ac yma mae baneri

y cyfrinfeydd yn chwifio eto, ger y pulpud a'r organ,
ddeng mlynedd ar hugain llwm
er cau Lady Windsor a Glofa'r Cwm,

Divided we fall, united we stand.
Dyma Lofa'r Albion
(model), a dyma ddigon

o lampau pres. Ar y silff bren yma, dyma dun
o Jackson's Night-Cough Pastilles, yn dwyn atgofion
o oriau mân nosweithiau meithion

ac amlinell y tai tywyll
ar gefndir glasddu'r nos, a sgwaryn
ffenest llofft yn gloywi'n felyn.

Belle Roach
The Lamb

Gripped womb-like in motorway humidity
our class strayed past growing mountains,
earth humbled by white sky,
hills shaped as fingers and knuckles –

       the resting hand of the world.

Once before I'd seen sheep in the wild.
An exhibition of taxidermy life,
their hides poised in fatal motion
above acrylic moss,   hollow rocks.

The dream-path of the A470 brought us
to a dead thing. Little lamb bones
like broken pencils poked out of woolly clothing,
empty eyes black as currants in sticky fruit cake

saw what we could not. We mourned under clouds
of holiday heat; sunscreen that our mothers
made us wear dried on clumsy, round arms
       too weak to bear a wasted body.

There was some talk of a burial, but our knowledge
of the earth ran as deep as summer sand and plastic spades.
The road awaited us   and the grave did not.

Yr Oen

Yn gaeth fel petaem mewn croth crwydrodd ein dosbarth
hyd leithder traffordd heibio i fynyddoedd oedd yn tyfu,
y tir yn ddiymhongar dan yr awyr gwyn
a siapiau'r bryniau yn fysedd a migyrnau –

        llaw y byd yn gorffwys.

Dim ond unwaith o'r blaen y gwelais ddefaid yn y gwyllt.
Arddangosfa dacsidermaidd fyw
a'u crwyn yn angheuol lonydd
uwchben mwsogl acrylig,   creigiau gau.

Arweiniodd breuddwyd-lwybr yr A470 ni
at rywbeth marw. Esgyrn oen bach
fel pensiliau wedi torri yn gwthio trwy'i siaced wlân,
llygaid gweigion duon fel cyrains mewn torth frith ludiog

yn gweld yr hyn na welem ni. Ninnau'n galaru dan gymylau
gwres y gwyliau; eli haul y mynnai ein mamau ei iro arnom
yn sychu ar ein breichiau crynion, trwsgl
        rhy wan i gario corff wedi nychu.

Trafodwyd angladd, ond roedd ein gwybodaeth
am y ddaear mor fas â thywod traeth a rhawiau plastig.
Roedd y ffordd yn aros amdanom   a'r bedd yn angof.

Lowri Williams
Llawlyfr Mam i Pit-stops Cymru

Mae gen ti un yn gwynebu mynwent Llan-rhos.
Maes parcio Blaenau Ffestiniog a maes parcio Llanrwst.
Lle chwech cerrig sydd ger afon Llugwy.
Ar ôl hynny,
os ti jesd â marw isio mynd
rhaid i ti fynd tu ôl i wal neu goeden,
mynd ar dy gwrcwd ger llyn neu
ar ochr mynydd, mewn eira, rhwng drain lle gadawa
staen melyn yn toddi twll mewn blanced o wyn.
Mae 'na le chwech ar y chwith
fel ti'n cyrraedd Ganllwyd, ond
does 'na'm un wedyn tan Dinas Mawddwy
a mae honna ddigon oeraidd.
Sêt bren, hanner cylch hanner sgwâr 'di rhai,
sna bod chdi'n cael sêt ddu a cadwyn.
Dw i'n cofio un sêt toilet ac oedd o fatha
bod chdi'n eistedd ar blât: teils posh, Fictoriaidd –
oedd o'n ffantastic!
Dw i 'di bod ynddyn nhw i gyd.
Methu cael y papur toilet allan,
a hofran am un pum munud hefo dy goesau'n brifo
tan i ti gael gafael mewn sgwâr tenau.

(Cofia lawes llawn papur a llond poced o newid mân.)

Mam's Guidebook to Welsh Pit-stops

There's one facing Llan-rhos cemetery.
Blaenau Ffestiniog and Llanrwst car park.
You have a stone bathroom by the river Llugwy.
After that,
if you're dying for a wee
you'll have to go behind a wall or tree,
crouched by a lake, or
on the side of a mountain, between brambles,
a yellow stain will melt a hole in the blanket of snow.
There's a loo on the left
as you come into Ganllwyd, but
there's nowhere until Dinas Mawddwy then
and that one's rather chilly.
Some have wooden seats, a half circle half square,
unless you get the black seat and chain.
I remember one toilet seat
and it was like sitting on a plate: posh tiles, Victorian –
it was fantastic!
I've been in them all.
Unable to grab the loo roll,
and hovering for one five minutes with aching legs
until you break off a single paper square.

(Don't forget a sleeve full of tissue and a pocket of spare change.)

Christina Thatcher
Interweaving

On the bus from Pontypridd to Cardiff,
a woman braids her hair, an apple's breadth

from the rattling window where ffordd and
farmland meet. How strange to see this here,

after so many years: my mother's mane
in this faraway place – her flyaways breaking

loose, her split end static darting faster
than spooked sheep. How strange this electric

urge to release my own locks from their stale
ponytail and mimic these braids:

the same weave as these horses,
the same soft as these women.

Cydblethu

Ar y bws o Bontypridd i'r ddinas
mae gwraig yn plethu'i gwallt, dim ond lled un afal

o gryndod ffenest lle mae ffordd a
ffridd yn cwrdd. Mae'n od gweld hyn yn fama

flynyddoedd wedyn: gweld mwng fy mam
yma mor bell i ffwrdd – y blewiach byr yn torri'n

rhydd, a thrydan y blewynnau hollt yn rhysio'n
gynt na defaid wedi dychryn. Ac od yw sioc

yr ysfa i ddatod fy ngwallt o ddiflastod
ei gynffon dwt a dynwared y plethu:

ei wehyddu ar batrwm y ceffylau hyn,
yr un mor feddal â'r menywod hyn.

David Mathews
Hippopotamus Cambrensis
For Douglas Freake

Soft-pawed and elusive, the green hippos of the Usk.
Unquiet sheep waylaid you on the A-road north
from riotous Merthyr, but never a hippo.
The beasts hid in the roly-poly Beacons
by subtle arts, betrayed only by dung
and nibbled whitebeam saplings.

But in Brecon market (1973 maybe),
a wayward hippo, grinning, gave himself away,
and for a pound, we took him home.
We called him Gerald for his local namesake
and the rakish pottery eye that distinguished him
from posh Nantgarw porcelain.

His hollow back suited daffodils,
though hippo did not regret his native blooms,
once we asked Doug to be his keeper.
Gerald long kept company with this man we loved,
and, if he could, would keep him company still
in his new unending quietness.

Hippopotamus Cambrensis

I Douglas Freake

Rhai pawen-feddal, swil yw hipos gwyrddion afon Wysg.
Oedwyd ar y daith o fywiogrwydd Merthyr tua'r gogledd
sawl tro oherwydd defaid crwydrol
ond 'rioed oherwydd hipo.

Cuddient hwy mewn dirgel ffyrdd
ym mhlygiadau blonegog y Bannau,
dim ond eu tail ac ôl dannedd ar gerddin ifanc
yn bradychu eu presenoldeb.

Ond ym marchnad Aberhonddu (tua 1973)
darganfuwyd un, chwit-chwat, gwên lydan
ac am bunt cynigiwyd cartref iddo.
Bedyddiwyd ef yn Gerald ganddon ni
– rhyw debygrwydd i gymydog
â'i lygad crochenwaith bowld mor wahanol
i borslen crand Nantgarw.

Roedd cafn yn ei gefn
yn gweddu i gennin Pedr
a'r hipo'n falch o flodau'i wlad
unwaith i ni benodi Doug yn geidwad iddo.
Bu Gerald yn gydymaith am flynyddoedd i'r dyn a garem
a, pe gallai, byddai'n cadw cwmni iddo heddiw
yn ei ddistawrwydd newydd a diddiwedd.

Rhiannon Oliver
Dad

The car, full of plants and pillows and questions.
Will there be sweets? And do they have Neighbours?
And can we go back and see our friends next week?

And the answers, flying between us as our packed tight life
Moves to meet its new self –
Yes, and your Bampi will be forever plying you with them
(Knowing, sweetening your loss),
And, Yes, you will find that Wales comes equipped with
(Both) the Australian televisual varietal
(And the over the fence bustle and fuss),
And No, no, next week is here, in the land of your father's,
(For your dad's dad needs us now, and...)
There will be new Sophies and Sallys and Arthurs.

Then, fizzing feet, kicking the grown-up seats. The bleats of *No!*
The wailings of *I never said I wanted to go.* The *You know*
*I hate you, I hate you*s each a dull whack of a blow
To the back of a shelled-out soul facing too much of a year.

The drama tears seared high enough that he sighed,
And pulled over to the side of the road that
Cut through the country that would give us all life. Shocked feet
Stopped, as he stepped out and took in the exhausted air,
And pinned us with – *Well, nothing's fair.*

Dad

Y car, llawn planhigion a chlustogau a chwestiynau.
Fydd yna felysion? Oes 'na Neighbours yna?
A gawn ni fynd yn ôl i weld ein ffrindiau wythnos nesaf?

A'r atebion yn gwibio rhyngthom wrth i'n bywyd wedi'i
        bacio'n dynn
Deithio i gyfarfod â'i hunan newydd –
Bydd, a bydd Bampi'n eu rhannu i chi byth a hefyd
(Yn gwybod, yn rhoi siwgr ar y golled)
Ac, Oes, fe welwch fod yng Nghymru
(Y ddau fath) y rhai ar sgrin o Awstralia
(A chlecs a gofal tros glawdd yr ardd)
A Na, na, yma fydd wythnos nesaf, yng ngwlad dy dad,
(Mae tad dy dad ein hangen nawr, ac...)
Bydd Sophie a Sally ac Arthur newydd.

Yna, traed pefriog yn cicio seti'r oedolion. *Na!* fel bref
A chri *'Nes i 'rioed ddeud 'mod i isio mynd.* A bloedd *Ti'n gwbod*
Dw i'n dy gasáu, dy gasáu di, pob un yn ddwrn
Yng nghefn yr enaid gwag a wynebai flwyddyn ar fin goferu.

Y dagrau drama'n serio ochenaid ohono,
Mae'n parcio'r car ar ochr y ffordd a
Holltai'r wlad a fyddai'n creu ein bywydau. Dychrynodd y traed
Yn llonydd, wrth iddo gamu allan ac anadlu'r awyr lluddedig
A'n gwanu gyda – *Wel, tydi bywyd ddim yn deg.*

Morgan Owen
Boreudaith

Dyna oedd y wyrth:
yn y porffor cynnar
dan bigiadau'r lampau
   oren,
teithiem nid trwy hen ddinas
   gyfarwydd
ond delfryd pur
y lle arall hwnnw
sy'n llechu ym mhen draw'r
   nos
neu yng ngwaelod gwydryn,
ym mhlygion
mapiau nas agorwyd.
Aeth Cymru'n ddigon mawr
   i guddio dyrnau'r byd
y bore hwnnw,
ac er i neb ei gyfaddef,
gweddïem na pheidiai'r wawr
   a'i phorffor,
fel nad elai'r byd
yn ôl i'w gragen.

Daybreak Journey

That was the miracle:
in the early morning lilac
under the sting of orange
   lamps,
we travelled not through the
     old familiar city
but the pure ideal
of that place
which lies in wait at the far edge
   of night
or in the bottom of a glass,
in the folds of
unopened maps.
Wales became big enough
     to hide the fists of the world
that morning,
and though no one admitted it,
we prayed that dawn and her
lilac-ness would not fade
so that the world wouldn't
return to its shell.

Simon Chandler

Cwlt yr A470

Un neidr sydd â'r awch i roi naid – o fôr
i fôr mewn hwrdd dibaid.
O raw mewn llaw yn y llaid
i lein cwlt, lôn y Celtiaid.

The Cult of the A470

A snake, poised to leap – from sea to sea
in one incessant lunge.
From a single spade-thrust in the mud
to a cult-like line, the Celtic lane.

clare e. potter

Taith, Teithio – Iaith, Ieithio

That road with its name like a code to something
meant then, no seatbelts; south; rare trips to the city
from our valley, down graffitied Nantgarw, our Ford
Cortina spluttered towards the lady's face in the Garth
hill, past the effigy to the Queen's Silver Jubilee.

Years later, living two blocks from I-29, driving
a pick-up truck with A.C., hiraeth found me, pulled
me back to live along the Taff and that road
which I learned ran straight through the land
where John Tripp's forge used to be.

Geiriau became my way. Ces i ddim cyfeiriad
gyda tenses neu treigladau. My Welsh was a car crash
on slick tarmac, took me on the hazardous journey
syth lan y rhydweli o fy nhafod tramor fy hun,
teithiais y tynnu gwaed yr iaith hynny
lan i'r ysgwydd ac yr arddwrn corff y wlad,

plymiais i'n ddwfn i'r môr, fy nghefn yn fwaog
          – gadewais y ffordd Saesneg wyrgam:
            bedydd yn ôl i ddyfroedd cyfarwydd llais fy mam.

MWY NA THIR A PHOBL HON YW AMSER Y LLWYBR Y
DAITH A'R TEITHIWR **MAE'R** FFORDD YN CROESI MWY NA
THIR A PHOBL HON YW AMSER Y LLWYBR Y DAITH A'R
TEITHIWR MAE'R **FFORDD** *YN CROESI* MWY NA THIR A
PHOBL HON YW AMSER Y LLWYBR Y DAITH A'R TEITHIWR
MAE'R FFORDD **YN CROESI** MWY NA THIR A PHOBL
HON YW AMSER Y LLWYBR Y DAITH A'R TEITHIWR MAE'R
FFORDD YN CROESI **MWY** NA THIR A PHOBL HON YW
AMSER Y LLWYBR Y DAITH A'R TEITHIWR MAE'R FFORDD
YN CROESI MWY **NA THIR** A PHOBL HON YW AMSER Y
LLWYBR Y DAITH A'R TEITHIWR MAE'R FFORDD YN CROESI
MWY NA THIR **A PHOBL** HON YW AMSER Y LLWYBR Y
DAITH A'R TEITHIWR MAE'R FFORDD YN CROESI MWY NA
THIR A PHOBL **HON YW AMSER** Y LLWYBR Y DAITH A'R
TEITHIWR MAE'R FFORDD YN CROESI MWY NA THIR A PHOBL
HON YW AMSER **Y LLWYBR** Y DAITH A'R TEITHIWR MAE'R
FFORDD YN CROESI MWY NA THIR A PHOBL HON YW
AMSER Y LLWYBR **Y DAITH** A'R TEITHIWR MAE'R FFORDD
YN CROESI MWY NA THIR A PHOBL HON YW AMSER Y
LLWYBR Y DAITH **A'R TEITHIWR** MAE'R FFORDD YN CROESI
MWY NA THIR A PHOBL HON YW AMSER Y LLWYBR Y DAITH
A'R TEITHIWR MAE'R FFORDD YN CROESI MWY NA THIR A
PHOBL HON YW AMSER Y LLWYBR Y DAITH A'R TEITHIWR
MAE'R FFORDD YN CROESI MWY NA THIR A PHOBL HON
YW AMSER Y LLWYBR Y DAITH A'R TEITHIWR MAE'R FFORDD
YN CROESI MWY NA THIR A PHOBL HON YW AMSER Y
LLWYBR Y DAITH A'R TEITHIWR MAE'R FFORDD YN CROESI
MWY NA THIR A PHOBL HON YW AMSER Y LLWYBR Y DAITH
A'R TEITHIWR MAE'R FFORDD YN CROESI MWY NA THIR A
PHOBL HON YW AMSER Y LLWYBR Y DAITH A'R TEITHIWR
MAE'R FFORDD YN CROESI MWY NA THIR A PHOBL
HON YW AMSER Y LLWYBR Y DAITH A'R TEITHIWR
MAE'R FFORDD YN CROESI MWY NA THIR A PHOBL HON
YW AMSER Y LLWYBR Y DAITH A'R GLYN EDWARDS

A470 is the fourth in an ongoing series of anthologies loosely linked by the theme of Maps and Mapping.
Also available:

Where We Find Ourselves: Poems and Stories of Maps and Mapping from UK Writers of the Global Majority.
Edited by Sandra A Agard and Laila Sumpton
ISBN: 978-1-913665-44-9
£9.99
Stories and poems from nearly 40 UK writers of the Global Majority, from African, Asian, Middle Eastern, Caribbean, South American, Chinese and Malay communities, writing about maps and mapping. Stories and poems of finding oneself and getting lost, colonialism and diaspora, childhood exploration and adult homecoming.
Also available as an audiobook

What Meets the Eye? The Deaf Perspective
Edited by Lisa Kelly and Sophie Stone, with a preface from Raymond Antrobus.
ISBN: 978-1-913665-48-7
£9.99
A tree falls in the forest and I am/ there to make sure no one hears it./ Beloved: It's not that I am/ unwilling to be seized by sound,/ everyday I am undone by it.
Khando Langri
Our poets and authors were given the theme of Movement. They have interpreted this in many ways: movement as communication and connection, mobility, and stillness, being moved emotionally, movement within and after Lockdown, freedom of movement, and being part of a political movement, and even getting lost!
Also available soon as BSL videos at https://arachnepress.com/bsl-interpreted-and-translated-work-videos/bsl-what-meets-the-eye/

Words from the Brink, Solstice Shorts 2021
Edited by Cherry Potts
ISBN: 978-1-913665-51-7
£9.99

For Solstice Shorts 2021 we invited writers to respond to the growing climate crisis.

From an exceptionally strong field we chose stories and poems that respond to the floods and droughts and fires all around the globe with tenderness, compassion, fear, grief and rage. Gaia is represented in all her power and glory, and butterflies and plants sow seeds of hope, while other writers ask:

How do we stop it? How do we survive it? And how do we live beyond the catastrophe on our horizon?

Also available as an audiobook from your usual supplier.

Paperback editions available from all good bookshops,
and from us at
arachnepress.com/shop

About Arachne Press

Arachne Press is a micro publisher of (award-winning!) short story and poetry anthologies and collections, novels including a Carnegie Medal nominated young adult novel, and a photographic portrait collection.

We are expanding our range all the time, but the short form is our first love. We keep fiction and poetry live (when world events permit) through readings, festivals (in particular our Solstice Shorts Festival), workshops, exhibitions and all things to do with writing.

https://arachnepress.com/

Follow us on Twitter:
@ArachnePress
@SolShorts

Like us on Facebook:
ArachnePress
SolsticeShorts2014

Find out more about our authors at
https://arachnepress.com/writers and artists/